Intra

Lehrgang für Latein ab Klasse 5 oder 6

Vokabeln I

Liebe Schülerin, lieber Schüler,

das Verzeichnis der Lernvokabeln soll dir das Auffinden der neuen Vokabeln so leicht wie möglich machen. Die Autorinnen haben versucht, dir auf folgende Weise zu helfen: Die neuen Vokabeln sind nach ihrem Vorkommen im Text angeordnet. Die Eigennamen und die Stammformen bereits gelernter Verben (ab Lektion 14) sind alphabetisch sortiert. Das Verzeichnis hat drei Spalten: In der ersten steht die Grundform des lateinischen Wortes, in der dritten die deutsche Übersetzung.

In der mittleren Spalte findest du weitere Angaben zu der lateinischen Vokabel:
- Zu einem Substantiv ist ab Lektion 2 der zugehörige Akkusativ Singular, ab Lektion 10 der Genitiv Singular angegeben – damit du weißt, zu welcher Deklination das Wort gehört. Außerdem ist das Genus verzeichnet.
- Zu einem Verb findest du hier ab Lektion 7 – so wie in den Wörterbüchern üblich – die 1. Person Singular Präsens (später auch die sogenannten Stammformen).
- Zu einem Adjektiv der o-/ā-Deklination und einem zwei- oder dreiendigen Adjektiv der Mischdeklination, das in der ersten Spalte im Nominativ Singular maskulin erscheint, werden in der zweiten Spalte der Nominativ Singular feminin und der Nominativ Singular Neutrum aufgeführt. Bei einendigen Adjektiven der Mischdeklination wird der Genitiv Singular angegeben.
- Adverbien sind als solche gekennzeichnet.
- Zu einer Präposition wird auch der Kasus, mit dem sie verbunden ist, angegeben.
- Manchmal findest du auch noch andere Erläuterungen.

Die drei Spalten kannst du beim Lernen übrigens unterschiedlich nutzen, indem du eine oder zwei zuhältst …

Lektion 1

Eigennamen

Lūcius	*m.*	*Eigenname*
Mārcia	*f.*	*Eigenname*
Theophilus	*m.*	*Eigenname*

Neue Vokabeln

	ecce		schau; da ist
	et		1. und 2. auch
	Graecus	*m.*	der Grieche, ein Grieche, Grieche
	est		er ist, sie ist, es ist
5	magister	*m.*	der Lehrer, ein Lehrer, Lehrer
	Rōmānus	*m.*	der Römer, ein Römer, Römer
	discipulus	*m.*	der Schüler, ein Schüler, Schüler
	hodiē	*Adverb*	heute
	dictat		er diktiert, sie diktiert, es diktiert
10	scrībit		er schreibt, sie schreibt, es schreibt
	puer	*m.*	der Junge, ein Junge, Junge
	gemit		er seufzt, sie seufzt, es seufzt
	saepe	*Adverb*	oft
	peccat		er macht einen Fehler, sie macht einen Fehler, es macht einen Fehler
15	itaque		deshalb
	vituperat		er tadelt, sie tadelt, es tadelt; er kritisiert, sie kritisiert, es kritisiert
	discipula	*f.*	die Schülerin, eine Schülerin, Schülerin
	etiam		1. auch 2. sogar
	puella	*f.*	das Mädchen, ein Mädchen, Mädchen
20	rārō	*Adverb*	selten
	laudat		er lobt, sie lobt, es lobt
	cōgitat		er denkt (nach), sie denkt (nach), es denkt (nach)
	schola	*f.*	Schule
	dēlectat		1. er erfreut, sie erfreut, es erfreut 2. er macht Spaß, sie macht Spaß, es macht Spaß
25	cūr?		warum?
	nōn		nicht

studium	n.	1. Eifer 2. Studium 3. Begierde *nach*
semper	Adverb	immer
praemium	n.	Belohnung

Lektion 2

Eigennamen

Antōnia	*Akkusativ* Antōniam *f.*	*Eigenname*
Aulus	*Akkusativ* Aulum *m.*	*Eigenname*
Germānicus	*Akkusativ* Germānicum *m.*	*Eigenname*
Lūcilla	*Akkusativ* Lūcillam *f.*	*Eigenname*
Phrygia	*Akkusativ* Phrygiam *f.*	*Eigenname*

Neue Vokabeln

	domina	*Akkusativ* dominam *f.*	Herrin *des Hauses*
	ancilla	*Akkusativ* ancillam *f.*	Sklavin; Dienerin
	interrogāre		fragen
	ubī?		wo?
5	fībula	*Akkusativ* fībulam *f.*	Spange
	quaerere		suchen
	sed		aber; sondern
	frūstrā	*Adverb*	vergeblich, umsonst
	furere		wütend sein
10	timēre		fürchten; sich fürchten *vor*
	tacēre		schweigen
	prōdesse		nützen
	prōdest		er, sie, es nützt
	tum	*Adverb*	dann, darauf, da
	servus	*Akkusativ* servum *m.*	Sklave; Diener
15	advocāre		herbeirufen
	nunc	*Adverb*	nun, jetzt
	valdē	*Adverb*	sehr
	clāmāre		rufen, schreien
	clāmor	*Akkusativ* clāmōrem *m.*	Geschrei
20	terrēre		erschrecken
	tollere		hoch-, aufheben
	clāmōrem tollere		Geschrei erheben
	mercātor	*Akkusativ* mercātōrem *m.*	Kaufmann
	appārēre		erscheinen
	dominus	*Akkusativ* dominum *m.*	Herr *des Hauses*

25	ōrnāmentum	*Akkusativ* ōrnāmentum *n.*	Schmuck, Schmuckstück
	quis?		wer?
	habēre		haben, halten
	furor	*Akkusativ* furōrem *m.*	Wut, Zorn
	flēre		weinen
30	incipere		anfangen, beginnen
	subitō	*Adverb*	plötzlich
	fīlia	*Akkusativ* fīliam *f.*	Tochter
	intrāre		eintreten; betreten
	hortus	*Akkusativ* hortum *m.*	Garten
35	vērē	*Adverb*	wirklich

Lektion 3

Eigennamen

T. (= Titus) Cornēlius Asina	*Akkusativ* Titum Cornēlium Asinam *m.*	*Eigenname*
Britannicus	*Akkusativ* Britannicum *m.*	*Eigenname*
Subūra	*Akkusativ* Subūram *f.*	*Stadtviertel in Rom*

Neue Vokabeln

	epistula	*Akkusativ* epistulam *f.*	Brief
	longus	longa, longum	lang
	ad	*mit Akkusativ*	1. zu 2. bei 3. an
	māgnus	māgna, māgnum	1. groß 2. bedeutend, mächtig
5	senātor	*Akkusativ* senātōrem *m.*	Senator
	bonus	bona, bonum	gut
	fīdus	fīda, fīdum	treu, zuverlässig
	apportāre		(über)bringen
	dēbēre		1. müssen 2. schulden
10	nam		denn, nämlich
	per	*mit Akkusativ*	durch
	vīcus	*Akkusativ* vīcum *m.*	Stadtteil
	malus	mala, malum	schlecht, übel
	īre		gehen
15	praetereā	*Adverb*	außerdem
	dormīre		schlafen
	lūna	*Akkusativ* lūnam *f.*	Mond
	plēnus	plēna, plēnum	voll

	forum	*Akkusativ* forum *n.*	Markt(platz)
20	vacuus	vacua, vacuum	leer
	trānsīre		überqueren
	vidēre		sehen
	nihil		nichts
	audīre		hören
25	post	*mit Akkusativ*	1. hinter 2. nach
	sē	*Akkusativ*	sich
	umbra	*Akkusativ* umbram *f.*	Schatten
	currere		laufen
	timor	*Akkusativ* timōrem *m.*	Furcht, Angst
30	exspectāre		erwarten
	suus	sua, suum	sein; ihr
	accidere		geschehen
	rīdēre		lachen

Lektion 4

Eigennamen

Aglaia	*Akk.* Aglaiam *f.*	*Eigenname*
Dēmētrius	*Akk.* Dēmētrium *m.*	*Eigenname*
Quīntus Horātius Flaccus	*Akk.* Quīntum Horātium Flaccum *m.*	Horaz; *römischer Dichter* (65–8 v. Chr.)
Lȳdia	*Akk.* Lȳdiam *f.*	*Eigenname*
Octāviānus	*Akk.* Octāviānum *m.*	Oktavian; *der spätere Kaiser Augustus (reg. 31 v. Chr. –14 n. Chr.)*

Neue Vokabeln
Teil 1

	vīlla	*Akk.* vīllam *f.*	Landhaus
	rūsticus	rūstica, rūsticum	bäuerlich, ländlich
	vīlla rūstica	*Akk.* vīllam rūsticam *f.*	Landgut
	parvus	parva, parvum	klein
	pulcher	pulchra, pulchrum	schön
5	hīc	*Adv.*	hier
	fodere		graben, umgraben
	illīc	*Adv.*	dort
	arbor	*Akk.* arborem *f.*	Baum
	caedere		1. fällen 2. töten
10	multus	multa, multum	viel
	cūrāre	*mit Akk.*	sorgen *für*, sich kümmern *um*
	esse	*Vollverb*	existieren, vorhanden sein

negōtium	*Akk.* negōtium *n.*	1. Arbeit, Tätigkeit 2. Aufgabe
sēdulus	sēdula, sēdulum	eifrig, fleißig
15 cēna	*Akk.* cēnam *f.*	Essen, Mahlzeit
parāre		bereiten, zubereiten
mēnsa	*Akk.* mēnsam *f.*	Tisch
ōrnāre		schmücken
labōrāre		arbeiten
20 amāre		lieben, mögen
labor	*Akk.* labōrem *m.*	Arbeit, Mühe
enim	*nachgestellt*	denn, nämlich
iūcundus	iūcunda, iūcundum	angenehm
lībertus	*Akk.* lībertum *m.*	Freigelassener *(ehemaliger Sklave)*
25 novus	nova, novum	neu
venīre		kommen
poēta	*Akk.* poētam ***m.***	Dichter
praeclārus	praeclāra, praeclārum	bekannt, berühmt
liber	*Akk.* librum *m.*	Buch
30 scrīptum	*Akk.* scrīptum *n.*	Schrift, Buch
inter	*mit Akk.*	unter, zwischen
amīcus	*Akk.* amīcum *m.*	Freund
imperātor	*Akk.* imperātōrem *m.*	1. Feldherr, Befehlshaber 2. Kaiser

Teil 2

-ne	*angehängte Fragepartikel*	*entspricht unserem Fragezeichen*
35 sevērus	sevēra, sevērum	streng, hart
hūmānus	hūmāna, hūmānum	1. menschlich, freundlich 2. gebildet
verberāre		schlagen
vir	*Akk.* virum *m.*	Mann
appropinquāre		sich nähern
40 salūtāre		grüßen
dōnum	*Akk.* dōnum *n.*	Geschenk
īnspicere		hineinschauen, ansehen
contentus	contenta, contentum	zufrieden
-que	*angehängt*	und
45 crēscere		wachsen
subīre		auf sich nehmen
tamen		dennoch, trotzdem
bene	*Adv.*	gut
gerere		1. tragen 2. führen, ausführen

50 gaudēre		sich freuen
et … et		sowohl … als auch
cibus	*Akk.* cibum *m.*	Nahrung, Speise
nōn modo … sed etiam		nicht nur … sondern auch
grātus, grāta, grātum		1. dankbar 2. beliebt, willkommen

Lektion 5

Neue Vokabeln Intrā!

cum	*mit Ablativ*	mit
ē, ex	*mit Ablativ*	aus
in	*mit Ablativ (auf die Frage „Wo?")*	in, auf
in	*mit Akk. (auf die Frage „Wohin?")*	in … (hinein), nach
disputāre		diskutieren
5 cupere	*3. Pers. Pl.* cupiunt	wünschen; wollen

Eigennamen

Decimus	*Akk.* Decimum *m.*	*Eigenname*

Bekannte Vokabeln mit neuen Formen

fodere	*3. Pers. Pl.* fodiunt	graben, umgraben
incipere	*3. Pers. Pl.* incipiunt	anfangen, beginnen
īnspicere	*3. Pers. Pl.* īnspiciunt	hineinschauen, ansehen

Neue Vokabeln

tunica	*Akk.* tunicam *f.*	Tunika, Hemd
via	*Akk.* viam *f.*	Weg, Straße
ambulāre		spazieren gehen
posteā	*Adv.*	später
10 vīsitāre		besuchen
prīmō	*Adv.*	zuerst
pōnere		1. setzen; stellen 2. (ab)legen
autem		aber
manēre		bleiben
15 vestīmentum	*Akk.* vestīmentum *n.*	Kleidungsstück
cūstōdīre		bewachen
homō	*Akk.* hominem *m.*	1. Mensch 2. Mann
nōnnūllī	nōnnūllae, nōnnūlla	einige, manche

	sē exercēre		sich üben, trainieren
20	iacere	3. Pers. Pl. iaciunt	werfen, schleudern
	capere	3. Pers. Pl. capiunt	fangen
	brachium	Akk. brachium n.	Arm
	alius	alia, **aliud**	ein anderer
	venditor	Akk. venditōrem m.	Verkäufer
25	dē	mit Abl.	1. von; von … herab 2. über
	prētium	Akk. prētium n.	Preis, Wert
	agere		1. tun, machen 2. treiben 3. betreiben 4. (ver)handeln
	emere		kaufen
	dēnique	Adv.	schließlich
30	natāre		schwimmen
	fūr	Akk. fūrem m.	Dieb
	circum	mit Akk.	um … herum
	portāre		tragen
	exīre		hinausgehen
35	invenīre		finden

Lektion 6

	vesper	Akk. vesperum m.	Abend
	ad vesperum		gegen Abend
	vestītus	vestīta, vestītum	bekleidet
	nōndum	Adv.	noch nicht
	domum		nach Hause
5	iterum	Adv.	zum zweiten Mal, wieder
	Rōmānus	Rōmāna, Rōmānum	römisch
	forum Rōmānum	Akk. forum Rōmānum n.	Platz in Rom, Zentrum des geschäftlichen und öffentlichen Lebens
	sarcina	Akk. sarcinam f.	Last, Gepäckstücke
	onustus	onusta, onustum	beladen
10	turba	Akk. turbam f.	1. Menge 2. Gedränge
	agricola	Akk. agricolam **m.**	Bauer
	carrus	Akk. carrum m.	Karren
	vehere		transportieren
	asinus	Akk. asinum m.	Esel
15	virga	Akk. virgam f.	Rute, Stock
	vōx	Akk. vōcem f.	Stimme
	collēga	Akk. collēgam **m.**	Kollege

ante	*mit Akk.*	vor
merx	*Akk.* mercem *f.*	Ware
20 gaudium	*Akk.* gaudium *n.*	Freude
spectāre		betrachten
ūnus	ūna, ūnum	ein
ūnus ex	*mit Abl.*	einer von
recōgnōscere		wiedererkennen
vendere		verkaufen
25 lentē	*Adv.*	langsam
cūria	*Akk.* cūriam *f.*	Rathaus
stāre		stehen
superbia	*Akk.* superbiam *f.*	Stolz; Hochmut
nōnne?		nicht?
30 pecūnia	*Akk.* pecūniam *f.*	Geld
quid?		was?

Lektion 7

Teil 1

ālea	*Akk.* āleam *f.*	Würfel
lūdere	lūdō	spielen
neque … neque		weder … noch
pergere	pergō	fortsetzen, weitermachen, weiter etwas tun
5 ō		oh
obtemperāre	obtemperō	gehorchen
vōs	*Nom. und Akk.*	ihr; euch
servīre	serviō	Sklave sein, dienen
nōs	*Nom. und Akk.*	wir; uns
10 līber	lībera, līberum	frei
egō		ich
cantāre	cantō	singen
iubēre	iubeō	befehlen
stupēre	stupeō	staunen, verblüfft sein

Teil 2

15 tōtus	tōta, tōtum	ganz
familia	*Akk.* familiam *f.*	Familie, Hausgemeinschaft
lectus	*Akk.* lectum *m.*	1. Bett 2. Speisesofa
iacēre	iaceō	liegen

	dēsistere	dēsistō	aufhören
20	silentium	*Akk.* silentium *n.*	Stille, Ruhe
	cēnāre	cēnō	speisen, essen
	hēia!		he!
	tū		du
	vīnum	*Akk.* vīnum *n.*	Wein
25	bibere	bibō	trinken
	tam		so
	lentus	lenta, lentum	langsam, träge
	mē	*Akk.*	mich
	tuus	tua, tuum	dein
30	vexāre	vexō	quälen
	tē	*Akk.*	dich
	iuvat		es freut, es macht Spaß
	an?		oder etwa?
	valēte!		lebt wohl!, auf Wiedersehen!
	valē!		leb wohl!, auf Wiedersehen!

Lektion 8

Eigennamen

Tiberius	*Akk.* Tiberium *m.*	*Eigenname*
Valeria	*Akk.* Valeriam *f.*	*Eigenname*

Neue Vokabeln

	salvē!		sei gegrüßt!, guten Tag!
	hōra	*Akk.* hōram *f.*	Stunde
	tertius	tertia, tertium	dritter
	domī		zu Hause
5	tempus	*Nom./Akk. Pl.* tempora *n.*	Zeit
	ad tempus		rechtzeitig
	posse	possum	können
	fessus	fessa, fessum	müde
	quasi		sozusagen
	numquam	*Adv.*	niemals
10	vigilāre	vigilō	wachen; wach sein
	nox	*Akk.* noctem *f.*	Nacht
	ad multam noctem		bis tief in die Nacht
	lapis	*Akk.* lapidem *m.*	Stein
	onus	*Nom./Akk. Pl.* onera *n.*	Last
	pecus	*Akk.* pecus *n. (nur Sg.)*	Vieh
15	bēstia	*Akk.* bēstiam *f.*	Tier; Bestie

	miser	misera, miserum	unglücklich, arm
	mox	*Adv.*	bald
	corpus	*Nom./Akk. Pl.* corpora *n.*	Körper
	vester	vestra, vestrum	euer
20	īnsula	*Akk.* īnsulam *f.*	1. Mietskaserne 2. Insel
	quiēs	*Akk.* quiētem *f.*	Ruhe
	quiētem capere	capiō	Ruhe finden
	vīcīnus	*Akk.* vīcīnum *m.*	Nachbar
	invītāre	invītō	einladen
	sōlum		nur
25	pāx	*Akk.* pācem *f.*	Frieden
	vīvere	vīvō	leben
	mōs	*Akk.* mōrem *m.*	Sitte
	nōn iam		nicht mehr
	ānser	*Akk.* ānserem *m.*	Gans
30	decimus	decima, decimum	zehnter
	mēns	*Akk.* mentem *f.*	Verstand; Geist
	sānus	sāna, sānum	gesund

Lektion 9

Eigennamen
	Pūblius	*Akk.* Pūblium *m.*	*Eigenname*
	Sextus	*Akk.* Sextum *m.*	*Eigenname*

Neue Vokabeln
	amphitheātrum	*Akk.* amphitheātrum *n.*	Amphitheater
	fenestra	*Akk.* fenestram *f.*	Fenster
	quō?		wohin?
	properāre	properō	eilen
5	num?		etwa? *(als Antwort wird »nein« erwartet)*
	aeger	aegra, aegrum	krank
	leō	*Akk.* leōnem *m.*	Löwe
	scīre	sciō	wissen
	mūnus gladiātōrium	*Nom./Akk. Pl.* mūnera gladiātōria *n.*	Gladiatorenspiel, -kampf
10	dare	dō	geben
	mē	*Abl.*	*Abl. von* egō

mēcum	(= *cum mē)	mit mir
paulō post	*Adv.*	wenig später
gladiātor	*Akk.* gladiātōrem *m.*	Gladiator
pūgnāre	pūgnō	kämpfen
15 adīre	adeō *mit Akk.*	1. herangehen *an* 2. angreifen 3. besuchen 4. sich wenden *an*
recēdere	recēdō	zurückweichen, sich zurückziehen
īra	*Akk.* īram *f.*	Zorn, Wut
vulnerāre	vulnerō	verwunden
necāre	necō	töten
20 saevus	saeva, saevum	grausam
arēna	*Akk.* arēnam *f.*	Arena
gladius	*Akk.* gladium *m.*	Schwert
līberāre	līberō	befreien
sanguis	*Akk.* sanguinem *m.*	Blut
25 occīdere	occīdō	töten
diū	*Adv.*	lange
virtūs	*Akk.* virtūtem *f.*	1. Tapferkeit 2. Tüchtigkeit
abīre	abeō	weg-, fortgehen
stultus	stulta, stultum	dumm
30 mors	*Akk.* mortem *f.*	Tod
dīgnus	dīgna, dīgnum *mit Abl.*	würdig *mit Gen.*
morte dīgnus		des Todes würdig

Lektion 10

Eigennamen

Campus Mārtius	*Genitiv* Campī Mārtiī *m.*	Marsfeld
Claudia	*Genitiv* Claudiae *f.*	*Eigenname*
Quīntus	*Genitiv* Quīntī *m.*	*Eigenname*
Rōma	*Genitiv* Rōmae *f.*	Rom

Neue Vokabeln

dīcere	dīcō	sagen
dīc!	*Imperativ Sg.*	sag!
oppidum	*Genitiv* oppidī *n.*	(kleinere) Stadt
noster	nostra, nostrum	unser
urbs	*Genitiv* urbis *f.* *Genitiv Pl.* urbium	Stadt

10 Vokabeln

5 nātiō	*Genitiv* nātiōnis *f.*	Volk(sstamm), Nation
lingua	*Genitiv* linguae *f.*	1. Zunge 2. Sprache
populus	*Genitiv* populī *m.*	Volk
caput	*Genitiv* capitis *n.*	1. Kopf 2. Hauptstadt
orbis	*Genitiv* orbis *m.*	Kreis
	Genitiv Pl. orbium	
10 terra	*Genitiv* terrae *f.*	Land; Erde
orbis terrārum	*Genitiv* orbis terrārum *m.*	Erdkreis, Welt
mundus	*Genitiv* mundī *m.*	Welt; Weltall
fortasse	*Adv.*	vielleicht
crās	*Adv.*	morgen
igitur		also
15 campus	*Genitiv* campī *m.*	Feld
adulēscēns	*Genitiv* adulēscentis *m.*	junger Mann
	Genitiv Pl. adulēscentium	
fīlius	*Genitiv* fīliī *m.*	Sohn
	Vokativ Sg. fīlī	
exercēre	exerceō	üben
convenīre	conveniō	1. zusammenkommen 2. treffen
20 altus	alta, altum	1. hoch 2. tief
vel		oder
salīre	saliō	springen
in altum/		Hochsprung/Weitsprung machen
in longum salīre		
equitāre	equitō	reiten
clādēs	*Genitiv* clādis *f.*	Niederlage
	Genitiv Pl. clādium	
25 piger	pigra, pigrum	faul
vacāre	vacō	Zeit haben
lūdus	*Genitiv* lūdī *m.*	Spiel
mīles	*Genitiv* mīlitis *m.*	Soldat
futūrus	futūra, futūrum	(zu)künftig
30 nimis	*Adv.*	zu sehr
fatīgāre	fatīgō	müde machen, ermüden
vōbīs	*Abl.*	*Abl. von* vōs
vōbīscum	(= *cum vōbīs)	mit euch
dūcere	dūcō	führen
dūc!	*Imperativ Sg.*	führe!
pater	*Genitiv* patris *m.*	Vater
35 ita		1. so 2. so ist es, ja

Lektion 11

Eigennamen

Drūsilla	*Gen.* Drūsillae *f.*	*Eigenname*
Spurius	*Gen.* Spuriī *m.*	*Eigenname*
Vesta	*Gen.* Vestae *f.*	*Göttin des Herdfeuers und des Hauses*
Iūnō	*Gen.* Iūnōnis *f.*	Juno *(Ehe- und Geburtsgöttin)*
Gāius	*Gen.* Gāiī *m.*	*Eigenname*
Gāia	*Gen.* Gāiae *f.*	*Eigenname*

Neue Vokabeln

iam	*Adv.*	schon
placēre	placeō	gefallen
virgō	*Gen.* virginis *f.*	junges Mädchen
mātrimōnium	*Gen.* mātrimōniī *n.*	Ehe
in mātrimōnium dūcere	dūcō	heiraten *(vom Mann aus gesehen)*
5 parentēs	*Gen.* parent(i)um *m. Pl.*	Eltern
nūptiae	*Gen.* nūptiārum *f. Pl.*	Hochzeit
corōna	*Gen.* corōnae *f.*	Kranz; Krone
ōrnātus	ōrnāta, ōrnātum	geschmückt
manē	*Adv.*	(früh) am Morgen
10 cōgnātus	*Gen.* cōgnātī *m.*	Verwandter
adesse	adsum	da sein
interesse	intersum *mit Dativ*	teilnehmen *an*
uxor	*Gen.* uxōris *f.*	Ehefrau
prīdiē	*Adv.*	am Tag vorher
15 dea	*Gen.* deae *f.*	Göttin
pontifex	*Gen.* pontificis *m.*	Priester
sacrificāre	sacrificō	opfern
frāter	*Gen.* frātris *m.*	Bruder
voluntās	*Gen.* voluntātis *f.*	Wille
20 explōrāre	explōrō	erforschen, erkunden
deus	*Gen.* deī *m.*	Gott
grātia	*Gen.* grātiae *f.*	1. Dank 2. Ansehen 3. Beliebtheit
grātiās agere	agō	danken
favēre	faveō *mit Dativ*	günstig/geneigt sein, begünstigen
dextra	*Gen.* dextrae *f.*	rechte Hand, Rechte

25	sibi	*Dativ*	sich
	porrigere	porrigō	(dar)reichen
	marītus	*Gen.* marītī *m.*	Ehemann
	sē	*Abl.*	*Abl. des Reflexivpronomens*
	sēcum	(= *cum sē)	mit sich
	rapere	rapiō	(weg)reißen; rauben
30	temptāre	temptō	versuchen
	iocus	*Gen.* iocī *m.*	Scherz, Spiel
	mihi	*Dativ*	mir
	tibi	*Dativ*	dir
	nōbīs	*Dativ*	uns
35	vōbīs	*Dativ*	euch
	tē	*Abl.*	*Abl. von* tū
	tēcum	(= *cum tē)	mit dir
	nōbīs	*Abl.*	*Abl. von* nōs
	nōbīscum	(= *cum nōbīs)	mit uns

Lektion 13

Eigennamen

Daedalus	*Gen.* Daedalī *m.*	*Eigenname*
Īcarus	*Gen.* Īcarī *m.*	*Eigenname*
Mīnōs	*Gen.* Mīnōis *m.*	*Eigenname (König von Kreta)*
Mīnōtaurus	*Gen.* Mīnōtaurī *m.*	*Eigenname*
Pāsiphaa	*Gen.* Pāsiphaae *f.*	Pasiphaë *(Königin von Kreta)*

Neue Vokabeln

	artifex	*Gen.* artificis *m.*	Künstler; Schöpfer
	exilium	*Gen.* exiliī *n.*	Exil, Verbannung
	aliquandō	*Adv.*	einmal, eines Tages
	rēx	*Gen.* rēgis *m.*	König
5	nōtus	nōta, nōtum	bekannt
	nōtum est		es ist bekannt
	aedificāre	aedificō	bauen
	habitāre	habitō	wohnen
	rēgīna	*Gen.* rēgīnae *f.*	Königin
	mōnstrum	*Gen.* mōnstrī *n.*	Ungeheuer
10	taurus	*Gen.* taurī *m.*	Stier
	īnfāmia	*Gen.* īnfāmiae *f.*	Schande

	occultāre	occultō	verstecken, verbergen
	turris	*Gen.* turris *f.*	Turm
		Gen. Pl. turrium	
	mare	*Gen.* maris *n.*	Meer
		Gen. Pl. marium	
15	relinquere	relinquō	verlassen, zurücklassen
	patria	*Gen.* patriae *f.*	Vaterland, Heimat
	redīre	redeō	zurückgehen, zurückkehren
	quamquam		obwohl
	ā, ab	*mit Abl.*	von, von … her
20	fuga	*Gen.* fugae *f.*	Flucht
	caelum	*Gen.* caelī *n.*	1. Himmel 2. Klima
	patēre	patet	offen stehen
	āla	*Gen.* ālae *f.*	Flügel
	penna	*Gen.* pennae *f.*	Feder
25	monēre	moneō	1. mahnen 2. warnen
	perīculōsus	perīculōsa, perīculōsum	gefährlich
	vītāre	vītō	(ver)meiden
	sōl	*Gen.* sōlis *m.*	Sonne
	medius	media, medium	mittlerer
30	volāre	volō	fliegen
	opus est		es ist nötig
	commōtus	commōta, commōtum	bewegt
	superbiā commōtus		von Stolz/Hochmut bewegt → aus Stolz, aus Hochmut
	respicere	respiciō	zurückschauen

Lektion 14

Eigennamen

Alcmēna	*Gen.* Alcmēnae *f.*	*Frau des Königs Amphitryon*
Eurystheus	*Gen.* Eurystheī *m.*	*Eigenname*
Graecia	*Gen.* Graeciae *f.*	Griechenland
Herculēs	*Gen.* Herculis *m.*	*Eigenname*
Hydra	*Gen.* Hydrae *f.*	*Eigenname*
Iolāus	*Gen.* Iolāī *m.*	*Eigenname*
Iuppiter	*Gen.* Iovis *m.*	Jupiter; *griechisch: Zeus (Göttervater)*

14 Vokabeln

Stammformen bereits gelernter Verben

adesse	adsum, adfuī	da sein
dīcere	dīcō, dīxī	sagen
esse	sum, fuī	sein
interesse	intersum, interfuī	teilnehmen *an*
iubēre	iubeō, iussī	befehlen
prōdesse	prōsum, prōfuī	nützen
scrībere	scrībō, scrīpsī	schreiben

Neue Vokabeln

duo	duae, duo; *Akk.* duōs, duās, duo; *Dat.* duōbus, duābus, duōbus	zwei
serpēns	*Gen.* serpentis *m./f.* *Gen. Pl.* serpentium	Schlange
imperāre	imperō, imperāvī *mit Dat.*	1. befehlen 2. auftragen, auferlegen
certē	*Adv.*	sicher, gewiss
5 illūc	*Adv.*	dorthin
mittere	mittō, mīsī	1. schicken 2. werfen, schießen
duodecim	*nicht deklinierbar*	zwölf
terror	*Gen.* terrōris *m.*	Schrecken
inicere	iniciō	1. hineinwerfen 2. einjagen, einflößen
terrōrem inicere		Schrecken einjagen
10 vestrum est		es ist eure Aufgabe
superāre	superō, superāvī	überwinden, besiegen; übertreffen
amputāre	amputō, amputāvī	abschneiden
adiuvāre	adiuvō *mit Akk.*	unterstützen, helfen
studēre	studeō, studuī	sich bemühen
15 fortiter	*Adv.*	tapfer
invictus	invicta, invictum	unbesiegt, unbesiegbar
dolus	*Gen.* dolī *m.*	List
adhibēre	adhibeō, adhibuī	anwenden
īnflammātus	īnflammāta, īnflammātum	angezündet; brennend
20 vulnus	*Gen.* vulneris *n.*	Wunde
modus	*Gen.* modī *m.*	1. Maß 2. Art, Weise
eō modō		auf diese Art und Weise
dēnuō	*Adv.*	von Neuem, wieder
postrēmō	*Adv.*	schließlich
ultimus	ultima, ultimum	letzter

25 sub	mit Akk. (auf die Frage „Wohin?")	unter
sub	mit Abl. (auf die Frage „Wo?")	unter
saxum	Gen. saxī n.	Felsen
sagitta	Gen. sagittae f.	Pfeil
tingere	tingō, tīnxī	benetzen, befeuchten
līberātus	līberāta, līberātum	befreit
30 grātiam habēre	habeō, habuī	danken
immortālitās	Gen. immortālitātis f.	Unsterblichkeit

Lektion 15

Eigennamen

Centaurus	Gen. Centaurī m.	Kentaur; *Sagengestalt (halb Mensch, halb Pferd)*
Dēianīra	Gen. Dēianīrae f.	*Eigenname*
Nessus	Gen. Nessī m.	*Eigenname*
Olympus	Gen. Olympī m.	Olymp; *Berg in Griechenland, Sitz der Götter*

Stammformen bereits gelernter Verben

convenīre	conveniō, convēnī	1. zusammenkommen 2. treffen
dare	dō, dedī	geben
invenīre	inveniō, invēnī	finden
posse	possum, potuī	können
respicere	respiciō, respexī	zurückschauen
tollere	tollō, sustulī	hoch-, aufheben
venīre	veniō, vēnī	kommen
vidēre	videō, vīdī	sehen

Neue Vokabeln

fluvius	Gen. fluviī m.	Fluss
rapidus	rapida, rapidum	reißend
pēs	Gen. pedis m.	Fuß
nōmen	Gen. nōminis n.	Name
nōmine		mit Namen
5 alter	altera, alterum	der andere (von zweien)
rīpa	Gen. rīpae f.	Ufer
dorsum	Gen. dorsī n.	Rücken
trāns	mit Akk.	jenseits, über … hinaus/hinweg

	quidem	*Adv.*	jedenfalls, freilich
10	auxilium	*Gen.* auxiliī *n.*	Hilfe
	opus est	*mit Abl.*	etwas ist nötig
	mihi auxiliō opus est		mir ist Hilfe nötig → ich brauche Hilfe
	satis	*Adv.*	ausreichend, genug
	satis est		es ist genug, es genügt
	nummus	*Gen.* nummī *m.*	Münze
	dēscendere	dēscendō, dēscendī	hinab-, hinuntersteigen
15	statim	*Adv.*	sofort
	fēmina	*Gen.* fēminae *f.*	Frau
	venēnum	*Gen.* venēnī *n.*	Gift
	īnficere	īnficiō, īnfēcī	1. benetzen 2. vergiften
	meus	mea, meum	mein
20	servāre	servō	1. retten 2. (auf)bewahren
	sī		wenn, falls
	amor	*Gen.* amōris *m.*	Liebe
	redūcere	redūcō, redūxī	zurückführen, zurückbringen
	annus	*Gen.* annī *m.*	Jahr
25	post	*Adv.*	danach, später
	rē vērā		wirklich, tatsächlich
	aemula	*Gen.* aemulae *f.*	Rivalin, Nebenbuhlerin
	induere	induō, induī	(Kleidungsstück) anziehen
	invādere	invādō, invāsī	1. eindringen 2. befallen 3. angreifen
30	ex eō tempore		seit dieser Zeit
	fātum	*Gen.* fātī *n.*	1. Schicksal 2. Götterspruch
	vincere	vincō, vīcī	siegen, besiegen

Lektion 16

Eigennamen

Apollō	*Gen.* Apollinis *m.*	Apoll(o); *Gott der Wissenschaften und Künste*
Diāna	*Gen.* Diānae *f.*	*Göttin der Jagd*
Lātōna	*Gen.* Lātōnae *f.*	*Göttin; Mutter des Apoll und der Diana*
Nioba	*Gen.* Niobae *f.*	Niobe; *Eigenname*

Vokabeln 16

| Thēbāna | Gen. Thēbānae f. | Thebanerin (Einwohnerin von Theben; Theben: Stadt in Böotien/Griechenland) |
| Thēbānus | Gen. Thēbānī m. | Thebaner |

Stammformen bereits gelernter Verben

adīre	adeō, adiī mit Akk.	1. herangehen an 2. angreifen 3. besuchen 4. sich wenden an
exīre	exeō, exiī	hinausgehen
īre	eō, iī	gehen
lūdere	lūdō, lūsī	spielen
manēre	maneō, mānsī	bleiben
redīre	redeō, rediī	zurückgehen, zurückkehren
rīdēre	rīdeō, rīsī	lachen
subīre	subeō, subiī	auf sich nehmen
trānsīre	trānseō, trānsiī	überqueren

Neue Vokabeln

septem		sieben
rēs	Gen. reī f.	Sache, Ding
superbus	superba, superbum	stolz
fēlīcissimus	fēlīcissima, fēlīcissimum	glücklichster; sehr glücklich
5 māter	Gen. mātris f.	Mutter
cum (subitō)		als (plötzlich)
immolāre	immolō	opfern
quod		weil
cēnsēre	cēnseō	1. meinen 2. beschließen
10 dīvīnus	dīvīna, dīvīnum	göttlich
rēs dīvīna	Gen. reī dīvīnae f.	Gottesdienst; Opfer
facere	faciō, fēcī	machen, tun
rem dīvīnam facere		Opfer bringen, opfern
numerus	Gen. numerī m.	Zahl, Anzahl
longē	Adv.	weit, bei Weitem
verbum	Gen. verbī n.	Wort
15 laedere	laedō, laesī	verletzen; beleidigen
petere	petō, petīvī	1. erbitten, erstreben 2. auf etwas/jemanden losgehen
paucī	paucae, pauca	wenige
diēs	Gen. diēī m.	Tag
fugere	fugiō, fūgī	fliehen

20	cūnctī	cūnctae, cūncta	alle
	lacrima	Gen. lacrimae f.	Träne
	lūgēre	lūgeō, lūxī	trauern, betrauern
	rēs adversae	Gen. rērum adversārum f.	Unglück
	victus	victa, victum	besiegt
25	mortuus	mortua, mortuum	tot
	adhūc	Adv.	noch; bisher
	iussū	mit Gen.	auf Befehl *von*, im Auftrag *von*
	perniciēs	Gen. perniciēī f.	Verderben, Unheil, Untergang
	interficere	interficiō, interfēcī	töten
30	docēre	doceō	lehren, unterrichten
	pūblicus	pūblica, pūblicum	öffentlich, staatlich
	rēs pūblica	Gen. reī pūblicae f.	Staat

Lektion 17

Eigennamen

Ēchō	f.	*Eigenname*
Narcissus	Gen. Narcissī m.	Narziss

Stammformen bereits gelernter Verben

cupere	cupiō, cupīvī	wünschen; wollen
flēre	fleō, flēvī	weinen
recēdere	recēdō, recessī	zurückweichen, sich zurückziehen

Neue Vokabeln

	fōrmōsus	fōrmōsa, fōrmōsum	schön
	is	ea, id	dieser, diese, dies(es); er, sie, es
	conciliāre	conciliō	gewinnen, erwerben
	nympha	Gen. nymphae f.	Nymphe
5	cum		immer wenn
	tangere	tangō, tetigī	berühren
	in fugam sē dare		die Flucht ergreifen
	dolor	Gen. dolōris m.	Schmerz
	rēs mihi dolōrī est		die Sache bereitet mir Schmerz
	mōns	Gen. montis m.	Berg
		Gen. Pl. montium	
10	sōlus	sōla, sōlum	allein, einzig
	iuvenis	Gen. iuvenis m.	junger Mann
	atque		und

	iterum atque iterum	*Adv.*	immer wieder
	spernere	spernō, sprēvī	zurückweisen, verschmähen
15	vindex	*Gen.* vindicis *m.*	Rächer
	invocāre	invocō	anrufen, anflehen
	deōs vindicēs invocāre		die Götter als Rächer anrufen
	ōrāre	ōrō	bitten; beten
	fōns	*Gen.* fontis *m.* *Gen. Pl.* fontium	Quelle
	imāgō	*Gen.* imāginis *f.*	Bild
20	aqua	*Gen.* aquae *f.*	Wasser
	admīrātiō	*Gen.* admīrātiōnis *f.*	Bewunderung
	nescīre	nesciō, nescīvī	nicht wissen
	dēsīderium	*Gen.* dēsīderiī *n.*	Sehnsucht
	ōsculum	*Gen.* ōsculī *n.*	Kuss
25	turbāre	turbō	verwirren, trüben
	spērāre	spērō	hoffen
	maestus	maesta, maestum	traurig
	revenīre	reveniō, revēnī	zurückkommen
	oculus	*Gen.* oculī *m.*	Auge
30	flectere	flectō, flexī	1. beugen, biegen 2. wenden
	nimius	nimia, nimium	zu groß
	vīta	*Gen.* vītae *f.*	Leben
	cēdere	cēdō, cessī	gehen, weichen
	ē vītā cēdere		aus dem Leben scheiden, sterben
	prō	*mit Abl.*	1. für 2. vor 3. anstatt
35	flōs	*Gen.* flōris *m.*	Blume, Blüte

Lektion 18

Eigennamen

Minerva	*Gen.* Minervae *f.*	*Göttin der Weisheit, der Künste und Wissenschaften*
Promētheus	*Gen.* Promētheī *m.*	*Eigenname*
Vulcānus	*Gen.* Vulcānī *m.*	Vulkan; *griechisch:* Hephaistos *(Gott der Schmiedekunst)*

Stammformen bereits gelernter Verben

rapere	rapiō, rapuī	(weg)reißen; rauben
relinquere	relinquō, relīquī	verlassen, zurücklassen

Neue Vokabeln

	catēna	*Gen.* catēnae *f.*	Kette
	dum	*mit Präsens*	während
	aquila	*Gen.* aquilae *f.*	Adler
	āvolāre	āvolō	weg-, davonfliegen
5	comperīre	comperiō, comperī	erfahren
	prīmus	prīma, prīmum	erster
	fōrmāre	fōrmō	formen, bilden
	secundum	*mit Akk.*	gemäß
	creāre	creō	1. (er)schaffen 2. wählen
10	vitium	*Gen.* vitiī *n.*	1. Fehler 2. (das) Laster
	creātūra	*Gen.* creātūrae *f.*	1. Geschöpf 2. Schöpfung
	sūmere	sūmō, sūmpsī	nehmen
	sapientia	*Gen.* sapientiae *f.*	Weisheit
	ars	*Gen.* artis *f.* *Gen. Pl.* artium	Kunst
15	animus	*Gen.* animī *m.*	1. Geist 2. Herz 3. Mut
	addere	addō, addidī	hinzufügen
	initiō	*Adv.*	anfangs
	quia		weil
	animal	*Gen.* animālis *n.; Abl. Sg.* animālī; *Nom./Akk. Pl.* animālia; *Gen. Pl.* animālium	Lebewesen
20	īgnis	*Gen.* īgnis *m.; Abl. Sg.* īgnī (īgne); *Gen. Pl.* īgnium	Feuer
	negāre	negō	1. verneinen 2. verweigern
	ūtilitās	*Gen.* ūtilitātis *f.*	Nutzen
	carēre	careō *mit Abl.*	nicht haben; entbehren, verzichten müssen *auf*
	clam	*Adv.*	heimlich
25	ob	*mit Akk.*	wegen
	ob eam rem		wegen dieser Sache, deswegen
	odium	*Gen.* odiī *n.*	Hass
	trahere	trahō, trāxī	ziehen, schleppen
	pars	*Gen.* partis *f.* *Gen. Pl.* partium	Teil
	sustinēre	sustineō	aushalten, ertragen
30	beneficium	*Gen.* beneficiī *n.*	Wohltat
	tribuere	tribuō, tribuī	zuteilen, erweisen

| putāre | putō | glauben, meinen |
| postquam | *mit Perfekt* | nachdem |

Lektion 19

Eigennamen

Discordia	*Gen.* Discordiae *f.*	*Göttin der Zwietracht*
Mercurius	*Gen.* Mercuriī *m.*	*Merkur (Götterbote)*
Paris	*Gen.* Paridis *m.*	*Eigenname*
Pēleus	*Gen.* Pēleī *m.*	*Eigenname*
Thetis	*Gen.* Thetidis *f.*	*Eigenname*
Venus	*Gen.* Veneris *f.*	*Göttin der Liebe*

Stammformen bereits gelernter Verben

| iacere | iaciō, iēcī | werfen, schleudern |

Neue Vokabeln
Text 1

ferē	*Adv.*	fast, beinahe
cōnferre	cōnferō, contulī	1. zusammentragen 2. vergleichen
sē cōnferre		sich begeben
ferre	ferō, tulī	1. bringen, tragen 2. ertragen
equus	*Gen.* equī *m.*	Pferd
5 concordia	*Gen.* concordiae *f.*	Eintracht
īgnōminia	*Gen.* īgnōminiae *f.*	Schande
molestus	molesta, molestum	beschwerlich, lästig
molestē ferre		schwer ertragen, sich ärgern *über*
pōmum	*Gen.* pōmī *n.*	Apfel
aureus	aurea, aureum	golden
10 referre	referō, **rettulī**	1. zurücktragen 2. berichten
pēdem referre		sich zurückziehen
effugere	effugiō, effūgī	(ent)fliehen
afferre	afferō, **attulī**	herbeibringen; hinzufügen
pulcherrimus	pulcherrima, pulcherrimum	schönster; sehr schön
exclāmāre	exclāmō	ausrufen
15 contrōversia	*Gen.* contrōversiae *f.*	Streit
disceptāre	disceptō	entscheiden; schlichten
nūntius	*Gen.* nūntiī *m.*	1. Bote 2. Botschaft
ut		wie

fāma	*Gen.* fāmae *f.*	1. Gerücht 2. Sage
fāma fert		die Sage erzählt
20 arbiter	*Gen.* arbitrī *m.*	Schiedsrichter

Text 2

sedēre	sedeō, sēdī	sitzen
trēs	trēs, tria; *Gen.* trium; *Dat./Abl.* tribus; *Akk.* trēs, trēs, tria	drei
ubī prīmum		sobald
potestās	*Gen.* potestātis *f.*	Macht
25 pāstor	*Gen.* pāstōris *m.*	Hirte
rēgnum	*Gen.* rēgnī *n.*	1. Königreich 2. Herrschaft
dīvitiae	*Gen.* dīvitiārum *f. Pl.*	Reichtum, Schätze
bellum	*Gen.* bellī *n.*	Krieg
rēgnāre	rēgnō	1. König sein 2. herrschen
30 inquit	*eingeschoben*	er/sie/es sagt/sagte
hostis	*Gen.* hostis *m.* *Gen. Pl.* hostium	Feind
fortissimus	fortissima, fortissimum	1. tapferster; sehr tapfer 2. stärkster; sehr stark
prōmittere	prōmittō, prōmīsī	versprechen
beātus	beāta, beātum	glücklich
35 reddere	reddō, reddidī	1. wiedergeben, bringen 2. machen zu
cārissimus	cārissima, cārissimum	liebster; sehr lieb
mulier	*Gen.* mulieris *f.*	Frau

Lektion 20

Eigennamen

Italia	*Gen.* Italiae *f.*	Italien
Lāocoōn	*Gen.* Lāocoontis *m.*	*trojanischer Priester*
Trōia	*Gen.* Trōiae *f.*	*Stadt in Kleinasien*
Trōiānus	Trōiāna, Trōiānum	trojanisch
Trōiānus	*Gen.* Trōiānī *m.*	Trojaner

Stammformen bereits gelernter Verben

pōnere	pōnō, posuī	1. setzen, stellen 2. (ab)legen

Neue Vokabeln
Teil 1

lītus	*Gen.* lītoris *n.*	Ufer, Strand
undique	*Adv.*	von allen Seiten
quī	quae, quod	welcher, welche, welches; der, die, das
porta	*Gen.* portae *f.*	Tür, Tor
5 concurrere	concurrō, concurrī	zusammenlaufen
decem	*nicht deklinierbar*	zehn
permāgnus	permāgna, permāgnum	sehr groß, riesig
līgnum	*Gen.* līgnī *n.*	Holz
cōnspicere	cōnspiciō, cōnspēxī	erblicken, sehen
10 ibī	*Adv.*	dort
alius ... alius		der eine ... der andere
īnsidiae	*Gen.* īnsidiārum *f. Pl.*	Hinterhalt, Falle
īnsidiās parāre		eine Falle stellen
aut		oder
aut ... aut		entweder ... oder
incendere	incendō, incendī	anzünden, in Brand stecken
15 conicere	coniciō, coniēcī	1. werfen 2. vermuten
sacerdōs	*Gen.* sacerdōtis *m./f.*	Priester/Priesterin
accurrere	accurrō, accurrī	herbeilaufen
procul	*Adv.*	von Weitem, aus der Ferne
quī?	quae?, quod?	welcher?, welche?, welches?
20 imprūdentia	*Gen.* imprūdentiae *f.*	1. Unwissenheit 2. Unvorsichtigkeit
cīvis	*Gen.* cīvis *m./f.* *Gen. Pl.* cīvium	Bürger/Bürgerin
īnsānia	*Gen.* īnsāniae *f.*	Wahnsinn
temeritās	*Gen.* temeritātis *f.*	1. Leichtsinn 2. Verwegenheit
causa	*Gen.* causae *f.*	1. Fall 2. Grund, Ursache
quā dē causā?		aus welchem Grund?

Teil 2

25 quīdam	quaedam, quoddam *adjektivisch*	ein gewisser; *Pl.:* einige, manche
quīdam	quaedam, quiddam *substantivisch*	ein gewisser; *Pl.:* einige, manche
addūcere	addūcō, addūxī	1. herbei-, heranführen 2. veranlassen
nārrāre	nārrō	erzählen
praesidium	*Gen.* praesidiī *n.*	1. Schutz 2. Besatzung, Posten

sīn		wenn aber
30 dēlēre	dēleō, dēlēvī	zerstören
summus	summa, summum	höchster
celeritās	Gen. celeritātis f.	Schnelligkeit
recipere	recipiō, recēpī	aufnehmen
cōnsentīre	cōnsentiō, cōnsēnsī	übereinstimmen, zustimmen
35 religiō	Gen. religiōnis f.	1. Scheu, Gottesverehrung, Glaube 2. Aberglaube

Lektion 21

Eigennamen

Aenēās	Gen. Aenēae m.	Königssohn aus Troja; Stammvater der Römer
Āfrica	Gen. Āfricae f.	Afrika
Anchīsēs	Gen. Anchīsae m.	Vater des Aeneas
Carthāgō	Gen. Carthāginis f.	Karthago (Stadt in Nordafrika)
Dīdō	Gen. Dīdōnis f.	Königin von Karthago
Iūlus	Gen. Iūlī m.	Eigenname
Latīnus	Gen. Latīnī m.	König in Italien
Lāvīnia	Gen. Lāvīniae f.	Eigenname

Stammformen bereits gelernter Verben

incipere	incipiō, **coepī**	anfangen, beginnen

Neue Vokabeln

expūgnāre	expūgnō	erobern
aliquot	nicht deklinierbar	einige, etliche
nāvigāre	nāvigō	mit dem Schiff fahren, segeln
in animō habēre		im Sinn haben, vorhaben
5 auctor	Gen. auctōris m.	1. Urheber 2. Stammvater, Ahnherr 3. Autor
gēns	Gen. gentis f. Gen. Pl. gentium	Sippe, Volk(sstamm)
condere	condō, condidī	gründen
imperium	Gen. imperiī n.	1. Befehl 2. Herrschaft 3. Reich
ūsque ad	mit Akk.	bis zu
10 fīnis	Gen. fīnis m.	Grenze, Ende
fīnēs	Gen. fīnium m. Pl.	Gebiet

	prōmovēre	prōmoveō, prōmōvī	1. vorwärtsbewegen 2. erweitern, ausdehnen
	error	Gen. errōris m.	1. Irrtum 2. Irrfahrt
	perīculum	Gen. perīculī n.	Gefahr
	ōra	Gen. ōrae f.	Küste
15	tempestās	Gen. tempestātis f.	Unwetter, Sturm
	nāvis	Gen. nāvis f. Gen. Pl. nāvium	Schiff
	perīre	pereō, periī	zugrunde gehen
	aegrē	Adv.	mit Mühe
	naufragus	naufraga, naufragum	schiffbrüchig
20	amīcissimē	Adv.	sehr freundlich
	accipere	accipiō, accēpī	annehmen, empfangen
	exitium	Gen. exitiī n.	Untergang
	hospes	Gen. hospitis m.	1. Gast 2. Fremder, Ausländer
	iūcundē	Adv.	angenehm
25	afficere	afficiō, affēcī mit Abl.	versehen/ausstatten mit
	apud	mit Akk.	bei
	laetus	laeta, laetum	froh, fröhlich
	īrātus	īrāta, īrātum	wütend, zornig
	quandō?		wann?
30	pārēre	pāreō	gehorchen

Lektion 23

Eigennamen

Mārs	Gen. Mārtis m.	*Gott des Krieges*
Remus	Gen. Remī m.	*Zwillingsbruder des Romulus*
Rōmulus	Gen. Rōmulī m.	*Gründer der Stadt Rom*

Stammformen bereits gelernter Verben

rīdēre	rīdeō, rīsī	lachen

Neue Vokabeln
Teil 1

	mortālis	mortālis, mortāle	sterblich
	immortālis	immortālis, immortāle	unsterblich
	certāre	certō	streiten, kämpfen
	nēmō	Gen. nēminis m./f.	niemand
5	ācer	ācris, ācre	scharf, heftig

23 Vokabeln

	Latein	Form	Deutsch
	fīnīre	fīniō	beenden
	cupīdō	Gen. cupīdinis f.	Begierde
	avus	Gen. avī m.	Großvater
	cōnsulere	cōnsulō, cōnsuluī	1. *mit Akk.*: um Rat fragen 2. *mit Dat.*: sorgen *für*
10	māiōrēs	Gen. māiōrum m. Pl.	Vorfahren
	factum	Gen. factī n.	Tat
	fortis	fortis, forte	stark, tapfer
	pius	pia, pium	fromm, gottesfürchtig
	sapiēns	Gen. Sg. sapientis	weise
15	difficilis	difficilis, difficile	schwierig
	cōnsilium	Gen. cōnsiliī n.	1. Rat 2. Plan, Absicht
	ascendere	ascendō, ascendī	besteigen
	vultur	Gen. vulturis m.	Geier
	vocāre	vocō	rufen, nennen
20	ōmen	Gen. ōminis n.	Vorzeichen
	fēlīx	Gen. Sg. fēlīcis	glücklich
	sex	nicht deklinierbar	sechs
	advolāre	advolō	1. herbeifliegen 2. herbeieilen
	omnis	omnis, omne	*im Sg.*: jeder; ganz; *im Pl.*: alle
25	victōria	Gen. victōriae f.	Sieg
	celebrāre	celebrō	feiern

Teil 2

	bōs	Gen. bovis m.	Rind, Ochse
	brevis	brevis, breve	kurz
	facilis	facilis, facile	leicht
30	vīx	Adv.	kaum
	ferōx	Gen. Sg. ferōcis	wild, trotzig
	gravis	gravis, grave	1. schwer, gewichtig 2. ernst
	dēfendere	dēfendō, dēfendī	verteidigen, schützen
	parātus	parāta, parātum	bereit
35	licēre		erlaubt sein
	licet		es ist erlaubt

Lektion 24

Eigennamen

Tarquinius Superbus	*Gen.* Tarquiniī Superbī *m.*	*letzter König Roms*

Stammformen bereits gelernter Verben

vocāre	vocō, vocāvī, vocātum	rufen
terrēre	terreō, terruī, territum	erschrecken
audīre	audiō, audīvī, audītum	hören
afficere	afficiō, affēcī, affectum *mit Abl.*	versehen/ausstatten *mit*
capere	capiō, cēpī, captum	fangen
condere	condō, condidī, conditum	gründen
dare	dō, dedī, datum	geben
incendere	incendō, incendī, incēnsum	anzünden, in Brand stecken
petere	petō, petīvī, petītum	1. erbitten, erstreben 2. *auf etwas/ jemanden* losgehen
trahere	trahō, trāxī, tractum	ziehen, schleppen
vincere	vincō, vīcī, victum	siegen, besiegen

Neue Vokabeln

expellere	expellō, expulī, expulsum	vertreiben
nōbilis	nōbilis, nōbile	1. berühmt 2. vornehm, adlig
violāre	violō	1. verletzen 2. vergewaltigen
Etrūscus	Etrūsca, Etrūscum	etruskisch; *Etrurien heißt eine Landschaft nördlich von Rom (heute: Toscana)*
5 cōpia	*Gen.* cōpiae *f.*	1. Menge 2. Vorrat
cōpiae	*Gen.* cōpiārum *f. Pl.*	Truppen
oppūgnāre	oppūgnō	bestürmen, angreifen
mūrus	*Gen.* mūrī *m.*	Mauer
circumdare	circumdō, circumdedī, circumdatum	umgeben
frūmentum	*Gen.* frūmentī *n.*	Getreide
10 interclūdere	interclūdō, interclūsī, interclūsum	absperren, abtrennen
interclūdere frūmentō		vom Nachschub an Getreide abschneiden
famēs	*Gen.* famis *f.*	Hunger
cōgere	cōgō, coēgī, coāctum	1. zusammentreiben 2. zwingen

	obsidēre	obsideō, obsēdī, obsessum	1. belagern 2. beherrschen
	ferrum	*Gen.* ferrī *n.*	1. Eisen 2. Waffe
15	armāre	armō	bewaffnen
	castra	*Gen.* castrōrum *n. Pl.*	Lager
	etsī		auch wenn
	tantus	tanta, tantum	so groß
	audācia	*Gen.* audāciae *f.*	Kühnheit, Frechheit
20	commovēre	commoveō, commōvī, commōtum	bewegen, veranlassen
	dīmittere	dīmittō, dīmīsī, dīmissum	wegschicken, entlassen
	dēdūcere	dēdūcō, dēdūxī, dēductum	wegführen
	cōgnōmen	*Gen.* cōgnōminis *n.*	Beiname
	honor	*Gen.* honōris *m.*	Ehre
25	cōnstare		feststehen
	cōnstat		es steht fest
	asper	aspera, asperum	1. rau 2. mühsam, schwierig
	astrum	*Gen.* astrī *n.*	Stern

Lektion 25

Eigennamen
Tiberius Semprōnius Gracchus	*Gen.* Tiberiī Semprōniī Gracchī *m.*	*Eigenname; Volkstribun (2. Jh. v. Chr.)*

Stammformen bereits gelernter Verben
cōnsulere	cōnsulō, cōnsuluī, cōnsultum	1. *mit Akk.:* um Rat fragen 2. *mit Dat.:* sorgen *für*
facere	faciō, fēcī, factum	machen, tun
quaerere	quaerō, quaesīvī, quaesītum	suchen

Neue Vokabeln
	nūper	*Adv.*	neulich
	iter	*Gen.* itineris *n.*	1. Weg 2. Marsch, Reise
	iter facere		eine Reise machen
	praedium	*Gen.* praediī *n.*	Landgut
	dēserere	dēserō, dēseruī, dēsertum	verlassen; im Stich lassen
5	ager	*Gen.* agrī *m.*	Feld; Acker
	lātifundium	*Gen.* lātifundiī *n.*	großes Landgut

	ingēns	*Gen. Sg.* ingentis	ungeheuer (groß)
	colere	colō, coluī, cultum	1. pflegen 2. *einen Acker* bebauen 3. verehren
	quam (?)		wie (?)
10	aliēnus	aliēna, aliēnum	fremd, fremdartig
	sēdēs	*Gen.* sēdis *f.*	Sitz; Wohnsitz
	līberī	*Gen.* līberōrum *m. Pl.*	Kinder
	errāre	errō	irren
	tandem	*Adv.*	endlich, schließlich
15	Rōmam		nach Rom
	patricius	*Gen.* patriciī *m.*	Patrizier
	neglegere	neglegō, neglēxī, neglēctum	1. nicht beachten, missachten 2. vernachlässigen
	dērīdēre	dērīdeō, dērīsī, dērīsum	auslachen, verspotten
	miseria	*Gen.* miseriae *f.*	Elend, Unglück
20	contumēlia	*Gen.* contumēliae *f.*	Beleidigung, Beschimpfung
	indīgnus	indīgna, indīgnum	unwürdig
	tolerāre	tolerō	ertragen, erdulden
	necessārius	necessāria, necessārium	notwendig
	prīvāre	prīvō *mit Abl.*	*einer Sache* berauben
25	crēdere	crēdō, crēdidī, crēditum	glauben; vertrauen
	avāritia	*Gen.* avāritiae *f.*	Habgier, Geiz
	dēsinere	dēsinō, dēsiī, dēsitum	aufhören
	lēx	*Gen.* lēgis *f.*	Gesetz
	iniūria	*Gen.* iniūriae *f.*	Unrecht, Ungerechtigkeit
30	obsecrāre	obsecrō	anflehen
	tribūnus	*Gen.* tribūnī *m.*	Tribun
	plēbs	*Gen.* plēbis *f.*	(einfaches) Volk
	tribūnus plēbis	*Gen.* tribūnī plēbis *m.*	Volkstribun
	lībertās	*Gen.* lībertātis *f.*	Freiheit
	dīgnitās	*Gen.* dīgnitātis *f.*	Würde
35	mūtāre	mūtō	(ver)ändern, verwandeln